ANDRZEJ MOSZCZYŃSKI jest autorem 23 książek, 34 wykładów oraz 3 kursów. Pasjonuje go zdobywanie wiedzy z obszaru psychologii osobowości i psychologii pozytywnej.

Ponad 700 razy wystąpił jako prelegent podczas seminariów, konferencji czy kongresów mających charakter społeczny i charytatywny.

Regularnie się dokształca i korzysta ze szkoleń takich organizacji edukacyjnych jak: Harvard Business Review, Ernst & Young, Gallup Institute, PwC.

Jego zainteresowania obejmują następujące tematy: potencjał człowieka, poczucie własnej wartości, szczęście, kluczowe cechy osobowości, w tym między innymi odwaga, wytrwałość, wnikliwość, entuzjazm, wiara w siebie, realizm. Obszar jego zainteresowań stanowią również umiejętności wspierające bycie zadowolonym człowiekiem, między innymi: uczenie się, wyznaczanie celów, planowanie, asertywność, podejmowanie decyzji, inicjatywa, priorytety. Zajmuje się też czynnikami wpływającymi na dobre relacje między ludźmi (należą do nich np. miłość, motywacja, pozytywna postawa, wewnętrzny spokój, zaufanie, mądrość).

Od ponad 30 lat jest przedsiębiorcą. W latach dziewięćdziesiątych był przez dziesięć lat prezesem spółki działającej w branży reklamowej i obejmującej zasięgiem cały kraj. Od 2005 r. do 2015 r. był prezesem spółki inwestycyjnej, która komercjalizowała biurowce, hotele, osiedla mieszkaniowe, galerie handlowe.

W latach 2009-2018 był akcjonariuszem strategicznym oraz przewodniczącym rady nadzorczej fabryki urządzeń okrętowych Expom SA. W 2014 r. utworzył w USA spółkę wydawniczą. Od 2019 r. skupia się przede wszystkim na jej rozwoju.

Inaczej o dobrym i mądrym życiu to książka o umiejętności stosowania strategii osiągania wartościowych celów. Autor opisuje 22 aspekty, które prowadzą do bycia mądrym. W jakim znaczeniu mądrym?

Mądry człowiek jest skupiony na działaniu ukierunkowanym na podnoszenie jakości życia, zarówno swojego, jak i innych. O tym jest ta książka: o byciu szczęśliwym, o poznaniu siebie, by zajmować się tym, w czym mamy największy potencjał, o rozwinięciu poczucia własnej wartości, które jest podstawowym czynnikiem utrzymywania dobrych relacji z samym sobą i innymi ludźmi, o byciu odważnym, wytrwałym, wnikliwym, entuzjastycznym, posiadającym optymalną wiarę w siebie, a także o byciu realistą.

Mądrość to umiejętność czynienia tego, co szlachetne. Z takiego podejścia rodzą się następujące czyny: nie osądzamy, jesteśmy tolerancyjni, życzliwi, pokorni, skromni, umiejący przebaczać. Mądry człowiek to osoba asertywna, wyznaczająca sobie pozytywne cele, ustalająca priorytety, planująca swoje działania, podejmująca decyzje i przyjmująca za nie odpowiedzialność. Mądrość to też zaufanie do siebie i innych, bycie zmotywowanym i posiadającym jasne wartości nadrzędne (do których najczęściej należą: miłość, szczęście, dobro, prawda, wolność).

Autor książki opisuje proces budowania mentalności bycia mądrym. Wszechobecna indoktrynacja jest przeszkodą na tej drodze. Jeśli jakaś grupa nie uczy tolerancji, przekazuje fałszywy obraz bycia zadowolonym człowiekiem, to czy można mówić o uczeniu się mądrości? Zdaniem autora potrzebujemy mądrości niemal jak powietrza czy czystej wody. W tej książce będziesz wielokrotnie zachęcany do bycia mądrym, co w rezultacie prowadzi też do bycia szczęśliwym i spełnionym.

Szczegóły dostępne na stronie:
www.andrewmoszczynski.com

Andrzej Moszczyński

Inaczej
o miłości

© Andrzej Moszczyński, 2021

Korekta oraz skład i łamanie:
Wydawnictwo Online
www.wydawnictwo-online.pl

Projekt okładki:
Mateusz Rossowiecki

Wydanie I

ISBN 978-83-65873-11-8

Wydawca:

ANDREW MOSZCZYNSKI
I N S T I T U T E

Andrew Moszczynski Institute LLC
1521 Concord Pike STE 303
Wilmington, DE 19803, USA
www.andrewmoszczynski.com

Licencja na Polskę:
Andrew Moszczynski Group sp. z o.o.
ul. Grunwaldzka 472
80-309 Gdańsk
www.andrewmoszczynskigroup.com

Licencję wyłączną na Polskę ma Andrew Moszczynski Group sp. z o.o. Objęta jest nią cała działalność wydawnicza i szkoleniowa Andrew Moszczynski Institute. Bez pisemnego zezwolenia Andrew Moszczynski Group sp. z o.o. zabrania się kopiowania i rozpowszechniania w jakiejkolwiek formie tekstów, elementów graficznych, materiałów szkoleniowych oraz autorskich pomysłów sygnowanych znakiem firmowym Andrew Moszczynski Group.

*Ukochanej Żonie
Marioli*

SPIS TREŚCI

Wstęp	9
Rozdział 1. Co to za uczucie?	11
Rozdział 2. Potrzeba miłości	27
Rozdział 3. Jak nie utracić miłości?	31
Rozdział 4. Jak uczyć się okazywania miłości?	35
Rozdział 5. Rola sumienia w okazywaniu miłości	41
Co mógłbyś zapamiętać ☺?	45
Bibliografia	47
O autorze	63
Opinie o książce	69
Dodatek. Cytaty, które pomagały autorowi napisać tę książkę	73

Wstęp

Kiedy zbudujemy dom naszych marzeń, zwieńczeniem jest jego upiększenie, nadanie mu osobistego klimatu i charakteru, co zwykle jest najprzyjemniejszym i najbardziej oczekiwanym etapem budowy. Ma być wygodnie, pięknie, przytulnie. Po prostu wspaniale.

W dojrzałej, udoskonalonej osobowości człowieka taką rolę pełni miłość. To ona jest dopełnieniem wszystkiego.

Wartości życia najsilniej doświadcza się poprzez miłość. To ona nadaje sens naszej egzystencji. Traktowanie miłości tylko jako szczególnego stanu, ograniczonego w czasie i przynależnego jedynie wybrańcom, prowadzi do zubożenia zarówno jej, jak i samego życia. Miłość domaga się nieustannego rozwoju. Musimy się jej ciągle uczyć. To uczucie zajmuje u wielu ludzi centralne miejsce w życiu, jest siłą, która organizuje nasze istnienie i naszą osobowość. Piszę: u wielu ludzi, ponieważ nie dotyczy to wszystkich ludzi.

Szkoda, że tak jest, ale analizując zachowania ludzi, do takiego wniosku właśnie doszedłem.

Rozdział 1

Co to za uczucie?

Słownik języka polskiego definiuje **miłość** jako głębokie uczucie do drugiej osoby, któremu zwykle towarzyszy pożądanie; uczucie silnej więzi, oddania. Miłość oznacza także głębokie zainteresowanie, znajdowanie w czymś przyjemności.

To piękne uczucie budziło zainteresowanie myślicieli przez wieki. Jednym z najciekawszych starożytnych dzieł analizujących miłość jest *Uczta* Platona[1]. Podczas tytułowej uczty toczy się dyskusja na temat tego, czym jest miłość. W języku potocznym często używamy zwrotu, że ludzie zakochani są jak dwie połówki jabłka. Zdaniem Platona miłość potrafi człowieka roz-

---

1 Platon, *Uczta*, Warszawa 1982.

wijać duchowo i doprowadzić do zrozumienia najwyższego Dobra.

Jak współcześnie rozumiemy miłość?

Miłość wiąże się bezpośrednio z postępowaniem, które rodzi pozytywne uczucia. Kiedy doświadczamy miłości, czujemy się szczęśliwi i spokojni. Dlaczego tak się czujemy? Ponieważ miłości towarzyszy między innymi cierpliwość. Ta często niedoceniana cecha rodzi w nas wewnętrzny spokój, a w konsekwencji wyciszenie, które wprowadza nas w stan relaksu.

Ludzie, nawet ci, których kochamy, nie są doskonali, każdy ma wady i popełnia błędy, które wystawiają innych na próbę. Miłość skłania nas do okazywania cierpliwości, co łączy się z życzliwością i wielkodusznością wobec rozlicznych ludzkich przywar. Cierpliwość przejawia się zarówno w drobiazgach, jak i w rzeczach wielkich.

Posłużę się teraz przykładem, który usłyszałem podczas pewnego ciekawego wykładu. Wyobraź sobie niedoświadczonego ogrodnika, który zasadził na rabatce różę. Na początku podlewał ją codziennie, ale dziwił się, że ma tyle kolców. Zastanawiał się, jak z tak brzydkiej łodygi może wyrosnąć piękny kwiat. Wątpliwości sprawiły, że zaprzestał podlewania. Roślina umarła, zanim zdążyła zakwitnąć i ujawnić swoje ukryte piękno. Podobnie jest z ludźmi. W każdym z nas jest taka róża, czyli wewnętrzne piękno i dobro, w które jesteśmy wyposażeni z racji samego istnienia. Często jednak zarówno w sobie, jak i w innych widzimy same kolce, czyli wady, błędy, niedociągnięcia. Rozpaczając, tracimy nadzieję i zaniedbujemy pielęgnowanie dobra w nas samych i w innych, aż w końcu ono umiera. Na mnie pozytywnie wpłynął ten przykład – przez pewien czas rozmyślałem o nim w kontekście własnego życia . Choć jest prosty i krótki, to ma w sobie moc ☺.

Dostrzeganie piękna w osobowości innych to jeden z największych darów, jakie otrzymaliśmy. Potrafimy ominąć kolce ludzkich wad i odnaleźć dobro, czasem głęboko ukryte, czekające, by rozwinąć się niczym pąk. Czy znasz to odczucie, kiedy odnajdujesz w kimś dobro? Szukanie u innych ludzi dobrych stron osobowości moim zdaniem jest przyjemnością i kiedy spotykam się z różnymi osobami, potrafię niemal od razu dostrzec, czy mam do czynienia z człowiekiem, który lubi ludzi i szuka w nich dobra.

Podstawowymi cechami miłości są: życzliwość, przychylne traktowanie ludzi, akceptowanie ich ze wszystkimi wadami i brakami, dostrzeganie szlachetności ich charakteru. Okazując innym taką bezinteresowną miłość, zachęcamy ich, by pokonywali swoje słabości i pod kolcami odkrywali w sobie różę, czyli wszystko, co w człowieku najlepsze.

Pisałem wcześniej o cierpliwości. Czy jest jakiś sekret bycia cierpliwym? Myślę, że nie. Kiedy poświęcimy trochę czasu temu zagadnieniu, to zapewne dojdziemy do wniosku, że cierpliwość wyrasta w naszym symbolicznym ogrodzie, kiedy zasiane jest właściwe ziarno – miłość (miłość staje się naszą wartością nadrzędną). Oczywiście ziarno to musi być właściwie pielęgnowane (podlewanie, dbanie o właściwą glebę, pielenie). To wymaga pracy, skupienia i zaangażowania. Ale skoro miłość jest naszą wartością, naszym skarbem, to staje się naturalne, że wkładamy w to działanie serce.

Teraz napiszę kilka słów na temat innego aspektu bycia cierpliwym. Paliwem dla nauki okazywania cierpliwości jest opanowanie sztuki **wnikliwego** postrzegania świata. Wnikliwość powstrzymuje nas przed ocenianiem czynów jakiegoś człowieka lub pobudek, które nim kierowały. Wiem, że nie jest to łatwe. Sam nad tym pracuję i dość regularnie muszę się stawiać do kąta za karę, koryguję się, zadając sobie pytania w stylu: „Co się z Tobą dzieje?" ☺.

Ta świadomość celu, którym jest wytrwanie w byciu dobrym (nieoceniającym pochopnie), jest wartościowym kierunkiem. Osoba wnikliwa, nawet jeśli jest z usposobienia cholerykiem, może ćwiczyć swoje hamulce. Uważam, że cierpliwość, szczególnie w obcowaniu z najbliższymi, jest bardzo ważna, może nawet ważniejsza od innych kluczowych cech osobowości.

Czy zastanawiałeś się kiedyś, jak się czujesz w towarzystwie człowieka cierpliwego, a przy tym zdolnego do empatii, a jak w obecności kogoś, kto Cię krytykuje i traktuje z góry? Dostrzegasz różnicę? Gdy nasz rozmówca jest cierpliwy, zwykle jesteśmy rozluźnieni psychicznie, wręcz odprężeni, nie zaś spięci i podenerwowani jak w towarzystwie kogoś, kto podnosi głos, podważa lub lekceważy nasze kompetencje, zbyt pochopnie ocenia naszą postawę. **Jakże często hołubi się inteligencję, a mało uwagi poświęca cierpliwości.** Prawdziwe przyjaźnie powstają właśnie na fundamencie cierpliwości – zarówno pomiędzy małżonkami, jak i między rodzicami a dziećmi.

Odpowiedzmy sobie zupełnie szczerze na pytanie, jak pod tym względem oceniają nas najbliżsi – mąż, żona, dzieci, rodzice, rodzeństwo, dziadkowie. Czy uważają nas za cierpliwych? W takich sytuacjach bliscy zwykle mówią prawdę. Nie lekceważmy ich uwag ani opinii. Ja osobiście bardzo źle toleruję kontakt z osobami niecierpliwymi (oczywiście chodzi o tych bardzo niecierpliwych, bo niemal każdemu z nas brakuje w stopniu zadowalającym tej cechy ☺). Najczęściej przypłacam to smutkiem, który albo trwa kilkanaście minut albo nawet kilka godzin. W ich towarzystwie czuję się tak spięty, że dopada mnie ból głowy i podnosi mi się ciśnienie w gałkach ocznych, dlatego unikam ludzi zbyt zajętych innymi sprawami, aby znaleźć czas na wypracowywanie w sobie cierpliwości – przymiotu, który jest wyrazem miłości do innych ludzi.

Przejdę teraz do następnego aspektu. Mam przekonanie, że miłości obce są pewne toksyczne przywary, cechy, które psują, a może nawet niszczą relacje między ludźmi. Poniżej opisuję niektóre z nich.

Czasami **można usłyszeć opinię, że miłości obca jest zazdrość**. Warto pochylić się nad tą myślą. W dzisiejszym świecie to wyniszczające uczucie jest częstym gościem w ludzkich sercach. Zdarza się, że podświadomie odczuwamy zazdrość względem tych, którym powodzi się lepiej niż nam. Jednak miłości towarzyszy praca nad tą przywarą. Bo całkowicie zazdrości raczej nie uda się nam zlikwidować. W każdym razie zazdrość jest wyjątkowo toksycznym uczuciem, które psuje relacje z otoczeniem, powoduje frustrację, rodzi gniew i agresję. Do walki z zazdrością polecam metodę dialogu wewnętrznego – szczerą rozmowę z samym sobą.

Miłość jest w nieustannej walce z **pychą**. Ta cecha jest równie destrukcyjna jak zazdrość. Miłość podpowiada nam, że powinniśmy traktować innych z wielkim szacunkiem. Można powiedzieć, że taka postawa przybliża do nas innych. Natomiast ludzie pełni pychy zniechęcają do siebie, odpychają swoją wyniosłością. Jak zatem kochać bez cienia pychy? I tu po raz kolejny przychodzi z pomocą wnikliwość. Właśnie wnikliwą postawę uważam za jedną z naszych najważniejszych powinności.

Szanujemy innych, ponieważ myślimy o nich pozytywnie. Nie mamy do nich pretensji, usprawiedliwiamy ich zachowanie. Co nam w tym pomaga? Pamiętanie, że my również błądzimy, że czasem kogoś ranimy. Jesteśmy świadomi, że wszyscy (my również) czasem postępują niewłaściwie. Ale do tego, by pamiętać o swoich potknięciach, potrzeba pokory.

Szanujemy innych, gdyż chcemy, aby czuli się dobrze w naszym towarzystwie. Regularnie zachęcam do zgłębiania istoty empatii – jednej z podstaw właściwych relacji z ludźmi. Kiedy jesteśmy empatyczni, kiedy wczuwamy się w położenie innych, łatwiej nam uważać ich za wartościowych i szczerze szanować.

Miłość nie pozwala nam być egoistami – pobudza nas do bycia altruistami. Posłużę się przykładem, który usłyszałem podczas ciekawego wykładu. Pewnego człowieka zapytano kiedyś o cel jego życia. Spojrzał pytającemu głęboko w oczy, zastanowił się, pogrzebał w kieszeni, wyjął z niej mały, okrągły kawałek lustra i odpowiedział: „Pewnego dnia, w czasie wojny, gdy byłem małym dzieckiem, znalazłem na drodze kawałki rozbitego lustra. Wziąłem i zachowałem największy z nich, właśnie ten. Zacząłem się nim bawić, odbijałem w nim promienie słońca i oświetlałem ciemne miejsca, gdzie nie dochodziło światło. Kiedy dorosłem, zrozumiałem, że nie była to tylko dziecinna gra, lecz metafora tego, co mogę uczynić sensem swojego życia.

Jestem fragmentem lustra. To, co mogę robić, to odbijać światło. Tym światłem może być zrozumienie, prawda, wiedza. Mogę nim oświetlać ciemne miejsca ludzkich serc. Z kimkolwiek się spotykam, pomagam mu to wyjaśnić. Mogę zmienić pewne rzeczy u niektórych ludzi, pomóc dostrzec im ciemne miejsca i wprowadzić tam jasność. Właśnie tym się zajmuję".

Zgadzam się z tym człowiekiem i uważam, że miłość działa właśnie w taki sposób. Jestem przekonany, że głęboki sens istnienia leży w szukaniu sposobów na wspieranie innych, wzmacnianie ich i inspirowanie.

Miłość uczy pracy nad gniewem. Bo kochając, mimo sprzecznych dążeń czy braku porozumienia, chcemy nad sobą panować. Bardzo nam zależy na niestosowaniu wobec innych przemocy, nieobrażaniu nikogo. Staramy się wyjaśnić nasze racje spokojnie i w sposób rzeczowy, dążymy do kompromisu i obopólnej korzyści. Gdy jednak nie da się uniknąć konfliktu lub gdy wyrządzimy komuś krzywdę, dzięki miłości potrafimy przeprosić i wybaczyć sobie nawzajem.

Przypomina mi się wypowiedź angielskiego poety Aleksandra Pope'a: **"Ludzie powinni być pouczani tak, jakby nie byli pouczani"**. Jeśli opanujemy tę sztukę jako rodzice, szefowie czy nauczyciele, obca stanie się nam reakcja powodowana gniewem czy złością. Aby tego dokonać, musimy pamiętać, że ten, komu chcemy pomóc zrozumieć jakąś ważną kwestię, ma swoją godność, swoje ambicje, a nasze nerwy i gwałtowność w niczym nie pomogą. Gniew jest bowiem przejawem słabości i jeśli ktoś ma go w nadmiarze, powinien szybko zająć się naprawą swojej osobowości.

Wiąże się to z szukaniem pomocy u psychologa. Terapia w tym zakresie może całkowicie zmienić jakość życia osoby, która ma w sobie nadmierne pokłady gniewu. Obcowanie z człowiekiem pełnym złości niszczy relacje z innymi i prowadzi jedynie do regularnych konfliktów.

Oczywiście gniew jest tylko jednym z całej gamy uczuć (jest też pewną formą komunikowania się z otoczeniem). Tłumienie nadmiaru gniewu też jest niebezpieczne. Dlatego w pewnych okolicznościach kontrolowany gniew może być korzystny. Może na przykład wpłynąć na czyjeś zachowanie – na przykład na atak paniki ☺. Oczywiście to tylko teoria. Sam jednak jestem przeciwnikiem gniewu i odradzam tak zwaną szczerość w każdej chwili. To jest nawet niebezpieczne. Kontrolowany gniew proponuję raczej skojarzyć z umiarkowaną stanowczością i odwagą w sytuacjach trudnych, do których dochodzi raz na jakiś czas w życiu niemal każdego człowieka.

Miłość zna słowo „przepraszam". Lepiej jest go nadużywać niż wymawiać zbyt rzadko. Jeśli wyrządzamy komuś krzywdę, powinniśmy zdać sobie z tego sprawę, szczerze żałować swego czynu i prosić o wybaczenie.

Od drugiej strony możesz natomiast oczekiwać przebaczenia i kolejnej szansy. Wczuwajmy się w sytuację drugiego człowieka, okazujmy mu zrozumienie, współczucie i nauczmy się wspaniałomyślnie wybaczać, tak jak chcielibyśmy, by nam wybaczano. W ten sposób miłość chroni przed pielęgnowaniem urazy i nienawiści – uczuciami, które najbardziej destrukcyjne są dla nas samych. Wypaczają osobowość, pozbawiają radości, odbierają życiu sens i pozytywny wymiar. Przebaczenie zapewnia nam wewnętrzny spokój i harmonię.

Miłując, nie potrafimy się cieszyć z czyjegoś nieszczęścia, wspieramy innych i radujemy się ich sukcesami, pozbywamy się zawiści, od której przecież tylko krok do pogardy. Trudno pojąć, dlaczego tak wielu ludzi odczuwa satysfakcję, widząc bliźnich borykających się z różnymi życiowymi trudnościami, podczas gdy oni sami są po prostu leniwi i niezdolni do podjęcia jakiegokolwiek wyzwania. Może dlatego tak boli ich powodzenie pracowitszych i bardziej wytrwałych sąsiadów, marzy im się „równość" w niedostatku i marazmie – preferują „równanie w dół". Taka postawa jest wyjątkowo groźna i należy bezwzględnie ją ganić, także u siebie, jeśli zauważamy jej symptomy.

Zastępując zawiść prostą i szczerą miłością do bliźniego, zyskamy wiele powodów do radości i łatwiej znajdziemy prawdziwych przyjaciół. Kochając, jesteśmy w stanie zaakceptować siebie i drugiego człowieka ze wszystkimi zaletami i wadami. Nie nastawiamy się jedynie na ocenianie i krytykę. Wszystkie czyny, choćby na pierwszy rzut oka wydawały się nam ewidentnie złe, starajmy się zrozumieć i wytłumaczyć, znajdując ich prawdziwe, często głęboko ukryte przyczyny. Twierdzę, że takie pełne dobroci podejście do drugiego człowieka jest możliwe pod warunkiem, że pracowicie pielęgnujemy nasze pozytywne nastawienie, codziennie ucząc się go na nowo. Dla tych, którzy żywią głęboką urazę wobec innych, będzie to prawdziwa próba sił, można jednak ułatwić sobie zadanie, zaczynając od prostych zmian. Oto one:

Przestań słuchać pochopnie wyrażanych opinii i pogłosek, patrz w przyszłość z optymizmem i nadzieją, ufaj ludziom, zakładaj, że kierują się szczytnymi pobudkami, szukaj w nich wewnętrznego dobra, nie przypisuj im od razu złej woli.

Pozytywnego nastawienia wobec ludzi nie należy jednak mylić z naiwnością – chodzi po prostu o to, by nie nastawiać się negatywnie do innych, nie doszukiwać się jedynie wad, nie wątpić w ich szlachetność i dobre intencje. Miłość powinna nam w tym pomóc. W zrozumieniu tej kwestii może nam pomóc przypowieść, którą usłyszałem na jednym z wykładów.

Otóż pewien człowiek mieszkający w Indiach codziennie rano nosił do domu wodę ze studni w dwóch dzbanach, z których jeden był pęknięty. W tym wadliwym zawsze udawało mu się donieść jedynie połowę tego, co nabrał w studni. Któregoś dnia, po wielu latach pracy, pęknięty dzban w końcu nie wytrzymał wstydu, jaki odczuwał z powodu swojej niedoskonałości, i zwrócił się do nosiwody: „Wstydzę się, chciałbym Cię przeprosić, że z powodu pęknięcia w moim boku połowa wody wycieka po drodze do domu. Z powodu mojej wady Twoja praca idzie na marne". Nosiwoda poczuł współczucie dla pękniętego dzbana i odpowiedział mu tak: „Widziałeś te kwiaty, które tak bujnie kwitną po jednej stronie ścieżki, którą idę zawsze do domu? Wyrosły one tak pięknie właśnie dzięki Twojej niedoskonałości, o której wiedziałem i wykorzystałem ją w dobrym celu. Specjalnie zasadziłem nasiona po jednej stronie ścieżki, a Ty za każdym razem, gdy nią szedłem, podlewałeś je. Dzięki Tobie i temu, jaki jesteś, kwiaty mogły wyrosnąć. Gdyby nie Ty, nie mógłbym dekorować nimi stołu".

W pewnym sensie wszyscy jesteśmy takimi pękniętymi dzbanami, a miłość pozwala nam znosić przywary swoje i innych, dostrzegać cechy, które mogą być pomocne i użyteczne, odnajdować wewnętrzny potencjał i w odpowiedni sposób go wykorzystywać.

Na pewno nieraz słyszałeś, że **miłość to uczucie stałe**. Jak to rozumieć? Nie jest to uczucie płoche, podobne romantycznym uniesieniom, które znikają równie szybko, jak się pojawiają. Jest to uczucie dojrzałe i odpowiedzialne, które zawsze będzie istnieć i z czasem będzie się w nas umacniać. Czyż nie powinniśmy dążyć do takiej właśnie postaci miłości ☺?

☼

Rozdział 2

Potrzeba miłości

Dla naszej osobowości miłość jest tym, czym serce dla organizmu. Każdego dnia pompuje olbrzymie ilości krwi, która jest przecież symbolem życia.

Nie na wszystko mamy wpływ, ciągle jesteśmy zaskakiwani sytuacjami, z którymi nie możemy się pogodzić. Przejawy niesprawiedliwości, o których ciągle słyszymy, niemożność wykonania jakiegoś zadania – jest wiele spraw, które dzieją się nie po naszej myśli. Czas i przypadek często zabierają nam to, co uważaliśmy za cenne – zdrowie, życie najbliższych czy dobra materialne. Nasze cele i plany są poddawane próbom. Wszystko, co nas spotyka, ma ścisły związek z innymi ludźmi. A przecież mają oni różne przekonania, uprzedzenia, odmienną strukturę emocjonalną, temperament, osobowość, mogą wyznawać inne wartości niż my. Skłania mnie to do refleksji, że w pokonaniu tych różnic i w osiągnięciu porozumienia mimo odmienności może pomóc właśnie miłość. Może to właśnie dzięki niej jesteśmy w stanie sprostać niemal każdemu wyzwaniu, jakie stawiają przed nami nasi bliscy: siostry, bracia, rodzice, dziadkowie, kuzyni, teściowie, żona czy mąż i dzieci. Miłowanie innych ma ścisły związek z ulepszaniem kontaktów z nimi, co oznacza mniej zawirowań i burz w życiu.

Wnikliwe zagłębianie się w temat miłości, a nawet jedynie poznanie teorii, z pewnością odmieni każdego człowieka. To najszlachetniejsze z uczuć, jakie możemy w sobie udoskonalać i umacniać.

Ludzie potrzebują miłości bardziej niż czegokolwiek innego. Z tą potrzebą przychodzimy na świat, jest ona wpisana w nasze człowieczeństwo, towarzyszy nam od momentu poczęcia. Rosnące w łonie matki dziecko potrzebuje jej miłości do harmonijnego rozwoju. Nauka potwierdza, że traktowanie z miłością dziecka w okresie prenatalnym silnie wpływa na jego późniejszy rozwój psychiczny i fizyczny. Również po urodzeniu niemowlęta, które nie otrzymują od rodziców lub opiekunów wystarczającej dawki uczucia, gorzej się rozwijają i są o wiele bardziej podatne na choroby.

Starsi ludzie pozostawieni sami sobie więdną i zatracają sens życia. Być może dlatego tak często współmałżonkowie umierają krótko po sobie. Życie bez tej drugiej osoby oznacza bowiem życie bez miłości. Gdy jej brakuje, podupadamy na zdrowiu, tracimy odporność fizyczną i psychiczną.

Ludzie często poszukują wparcia, biorąc udział w specjalnych spotkaniach grupowych, gdzie mają szansę na bliższy kontakt z drugim człowiekiem. Jesteśmy uzależnieni od dotyku, uścisków i innych gestów związanych z okazywaniem uczuć. Zastanówmy się nad tym przez chwilę. Jak bardzo potrzebujemy miłości? Co robimy, aby zaspokajać tę potrzebę?

☼

Rozdział 3

Jak nie utracić miłości?

Jedną z przyczyn, dla których tracimy miłość, jest **niedocenianie tego, co posiadamy**. Zbyt szybko przyzwyczajamy się do dobrych rzeczy i przestajemy je zauważać, traktujemy je jak oczywistość.

Drobne troski i kłopoty mogą wpływać na nas negatywnie i sprawiać, że przestajemy doceniać naszych bliskich i nie okazujemy im miłości. Powinniśmy z tym walczyć. Można wykonywać pewne ćwiczenia, które pozwolą nam doceniać to, co mamy, i cieszyć się tym. Zadaj sobie pytanie: z jakiego powodu mógłbym być dzisiaj szczęśliwy? Wbrew pozorom można się cieszyć z bardzo prostych rzeczy, z drobiazgów. Może to być dobra ocena z klasówki dziecka albo wyremontowany chodnik obok domu. Można również cieszyć się po prostu ze zdrowia i dobrego samopoczucia. Zapytajmy też, jak dzisiaj może okazać miłość naszym bliskim.

Niestety, na co dzień spotykamy wiele osób, które wręcz mają **nawyk narzekania i wyrażania niezadowolenia** ze wszystkiego, co im się przydarza. Ich zachowanie na ogół wynika z frustracji, braku miłości i przyjaźni, a także z przyjęcia **nieodpowiedniego punktu widzenia** na sytuacje, z którymi się mierzą każdego dnia.

Wyobraźmy sobie górę piasku. Gdy patrzymy na nią, stojąc, widzimy po prostu kopiec. Natomiast gdy położymy się obok, kopiec może wydać się niebosiężną górą. Ilość piasku pozostaje taka sama, zmienia się tylko perspektywa patrzenia. Nieodpowiedni punkt widzenia może powodować, że drobne problemy postrzegamy jako niebotyczne wyzwania. Czasem wystarczy tylko popatrzeć na daną sytuację z dystansu, a objawi się nam ona w innym, korzystniejszym świetle.

Będziemy bardziej doceniać to, co już posiadamy, a tym samym zaczniemy odczuwać radość. Im zdrowszą perspektywę zachowujemy w codziennym życiu, tym łatwiej jest nam okazywać miłość i nie rozpraszać się pod wpływem drobnych życiowych wyzwań.

Rozdział 4

Jak uczyć się okazywania miłości?

W przeciwieństwie do wrodzonych cech i talentów **miłość oparta na zasadach nie rozwija się bez udziału świadomości**. Prawdziwie kocha ten, dla kogo miłość jest wynikiem własnych nadrzędnych wartości. Miłość oparta na wartościach jawi się nam jako decyzja i zadanie, które z odpowiedzialnością będziemy realizować przez całe życie.

Jeśli wartością nadrzędną jest rodzina, naszym zadaniem stanie się rozwijanie w sobie miłości do niej. Ojciec może kochać swoje dziecko, ale kierując się sentymentami i pozwalając mu na wszystko, przyczynia się do pojawienia w przyszłości pewnych wyzwań. Nie rozumie zasad rządzących miłością rodzicielską, która powinna polegać na stawianiu wyraźnych granic, ponieważ leży to w najlepiej pojętym interesie dziecka. Rodzic może nawet szczycić się tą pozorną miłością, ale świadczy to raczej o braku zaangażowania, gdyż umiejętne korygowanie i ustalanie zasad wymaga wysiłku. Miłość powinna budować, czyli dawać innym to, co jest dla nich dobre i sprzyja ich rozwojowi. Tę zasadę powinniśmy stosować także wobec dzieci. Być może, będąc jeszcze niedojrzałymi ludźmi, odbiorą wyznaczanie granic jako surowość, jednak po latach, gdy już wydorośleją, z pewnością docenią nasze wysiłki.

Na pewno nieraz słyszałeś już takie zdanie: **miłuj bliźniego swego jak siebie samego**. Zastanów się przez chwilę nad jego znaczeniem. „Jak siebie samego..." – każdy powinien dbać o siebie i mieć zdrowe poczucie własnej wartości. Jeśli mamy złe zdanie na temat własnej osoby, stajemy się krytyczni także wobec innych. Natomiast ktoś, kto ma o sobie rozsądne mniemanie i podchodzi do siebie z szacunkiem, zazwyczaj potrafi budować trwałe relacje z innymi. „Miłuj bliźniego swego"...

Miłowanie siebie samego zaczyna się od higieny osobistej, dbania o zdrowie i odpowiedniego trybu życia. Życie w zgodzie z samym sobą powoduje, że emanujemy spokojem również na zewnątrz. Niska samoocena i obwinianie się zatruwają nasze relacje z innymi. Tak więc aby kochać innych, nie musisz, a nawet nie możesz zapominać o sobie, bo żeby pokochać drugiego człowieka, musisz najpierw pokochać siebie.

Jeszcze na chwilę powrócę do następującego aspektu: **miłość jest przeciwieństwem egoizmu**, jednak wszyscy czasem jesteśmy samolubni, a niekiedy mamy potrzebę okazywania miłości. Musimy jakoś pogodzić te dwa dążenia. Ważne jest, by nie podsycać w sobie egoistycznych pragnień, lecz pielęgnować postawę opartą na rozsądnej dbałości o własne dobro przy jednoczesnej trosce o szczęście innych.

Zdarza się, że w naszym bliższym lub dalszym otoczeniu są **osoby, których nie lubimy**. Nie jest to jednak powód, by okazywać im niechęć. Można pracować nad wyrobieniem w sobie nawyku życzliwego podejścia nawet do tych ludzi, którzy nie wzbudzają w nas sympatii. Jak to zrobić? Na przykład **zapisując ich pozytywne cechy**. Czasami bywa to trudne, ale im więcej przymiotów danej osoby uda się dostrzec, tym łatwiej przyjdzie nam okazywanie jej życzliwości i szacunku.

Pozytywne patrzenie na innych pozwala żyć z nimi w dobrych relacjach. Ważnym aspektem okazywania miłości jest **bezinteresowne dawanie**. Przypomnijmy sobie, jak wspaniałe uczucie towarzyszy nam, gdy coś komuś ofiarowujemy – uśmiech, życzliwe słowo, czuły gest.

W okazywaniu miłości istotne jest także **używanie pozytywnych słów i zwrotów**. Unikajmy sformułowań, które mogą obrazić lub zranić. Możemy zaczynać rozmowę od tematu, który łączy nas z rozmówcą, a nie od pokazywania problemów czy wyrażania pretensji. W ten sposób okazujemy, że mamy dobre intencje.

Oczywiście powinniśmy być szczerzy w tym, co mówimy, ponieważ nie chodzi tu o manipulowanie innymi na potrzeby realizacji własnych celów, ale o nawiązanie prawdziwie pozytywnych relacji.

Dobrym sposobem jest także zadawanie pytań, świadczy to bowiem o autentycznym zainteresowaniu drugą osobą i jej problemami. Jeśli pytasz innych o ich punkt widzenia, dowartościowujesz ich i doceniasz.

Rozdział 5

Rola sumienia w okazywaniu miłości

Każdy z nas został wyposażony w sumienie, ale tylko potencjalnie. Nie ma bowiem wrodzonych zdolności wartościowania moralnego, odróżniania dobra i zła. Można jednak powiedzieć, że zadatki genetyczne, z którymi rodzi się człowiek, stanowią predyspozycje do rozwoju moralnego. Tak jak nikt z nas nie rodzi się z gotowym, rozwiniętym intelektem, z gotową umiejętnością porozumiewania się określonym językiem, ukształtowaną osobowością, tak samo nie rodzi się z uformowanym sumieniem. Otrzymaliśmy je jako strukturę wymagającą rozwijania wraz z budowaniem osobowości.

W pełni ukształtowane sumienie staje się nadrzędną strukturą poznawczo-oceniającą odnoszącą się do postępowania człowieka, czasem nawet autonomiczną w stosunku do pozostałych elementów osobowości oraz do świata zewnętrznego. Wówczas człowiek sam kieruje swoim postępowaniem według odkrytych i uznanych przez siebie norm moralnych. To dzięki dojrzałemu sumieniu wiemy, jaką powinniśmy podjąć decyzję, jeśli mamy moralny dylemat.

Oparte na wartościach sumienie może jednak ulec deformacji pod wpływem czynników zewnętrznych i wewnętrznych i stać się infantylne, zniewolone lub zakłamane. Sumienie infantylne posiada człowiek w rozróżnianiu dobra i zła kierujący się poglądami osób, których zdanie jest dla niego cenne. Sumienie zniewolone to takie, które zmieniło się pod wpływem przemocy, presji czy strachu. Traci się wówczas jasność w ocenie dobra i zła, w rozróżnianiu rzeczy ważnych i nieważnych. Sumienie zakłamane posługuje się mechanizmami obronnymi, które rozpraszają wątpliwości moralne po podjęciu niemoralnej decyzji.

Niektórzy z nas znieczulili swoje sumienie do tego stopnia, że nie potrafią już odróżnić dobra od zła. Jeśli i Tobie się to przydarzyło, postaraj się **przywrócić mu pierwotną wrażliwość**.

Najbardziej przerażający jest fakt, że rodzina, która od wieków miała za zadanie rozwijać w człowieku potrzebę i umiejętność okazywania miłości, rozróżniania dobra i zła, obecnie przestaje spełniać swoją rolę. Rodzice są tak zajęci zarabianiem pieniędzy, robieniem kariery zawodowej czy własnymi przyjemnościami, że nie mają już czasu dla dzieci, na okazywanie im uczuć i uczenie zasad. Wyrzuty sumienia, jeśli jeszcze w ogóle się pojawiają, współcześni rodzice zagłuszają, kupując dziecku nową zabawkę, komórkę, komputer. Tak wychowana latorośl nie będzie wiedziała w przyszłości, jak zbudować zdrową relację ze współmałżonkiem, z przyjaciółmi, z własnymi dziećmi. Krótko mówiąc, będzie emocjonalną kaleką niezdolną do okazywania i odbierania miłości.

Zjawisko to staje się coraz powszechniejsze i może się okazać, że w niedalekiej przyszłości potrzebne będą specjalne kursy, na których będziemy uczyć się okazywania miłości.

☼

Co mógłbyś zapamiętać ☺?

1. Potrzeba miłości jest na stałe wpisana w ludzką naturę i stanowi jedno z podstawowych dążeń, którymi kierujemy się w życiu.
2. Aby nie utracić miłości, staraj się doceniać to, co masz, pozbądź się nawyku narzekania i przyjmuj odpowiedni punkt widzenia.
3. Okazywania miłości można się nauczyć.
4. Podstawą warunkującą miłość do innych jest samoakceptacja.
5. Miłość jest przeciwieństwem egoizmu, który jednak można w sobie zwalczać.
6. Zapisuj pomysły na okazywanie miłości innym oraz pozytywne cechy ludzi, których trudno Ci pokochać.
7. Staraj się wyzwolić z okowów ekonomicznych pragnień i nieustającej konsumpcji, aby

odnaleźć w sobie naturalną potrzebę okazywania i otrzymywania miłości.
8. Przywróć swojemu sumieniu pierwotną wrażliwość.
9. Poświęcaj czas swoim dzieciom, by nauczyć je okazywania i otrzymywania bezinteresownej miłości.

Bibliografia

Albright M., Carr C., *Największe błędy menedżerów*, Warszawa 1997.
Allen B.D., Allen W.D., *Formuła 2+2. Skuteczny coaching*, Warszawa 2006.
Anderson Ch., *Za darmo: przyszłość najbardziej radykalnej z cen*, Kraków 2011.
Anthony R., *Pełna wiara w siebie*, Warszawa 2005.
Ariely D., *Zalety irracjonalności. Korzyści z postępowania wbrew logice w domu i pracy*, Wrocław 2010.
Bates W.H., *Naturalne leczenie wzroku bez okularów*, Katowice 2011.
Bettger F., *Jak umiejętnie sprzedawać i zwielokrotnić dochody*, Warszawa 1995.
Blanchard K., Johnson S., *Jednominutowy menedżer*, Konstancin-Jeziorna 1995.
Blanchard K., O'Connor M., *Zarządzanie poprzez wartości*, Warszawa 1998.
Bogacka A.W., *Zdrowie na talerzu*, Białystok 2008.
Bollier D., *Mierzyć wyżej. Historie 25 firm, które osiąg-

nęły sukces, łącząc skuteczne zarządzanie z realizacją misji społecznych, Warszawa 1999.

Bond W.J., *199 sytuacji, w których tracimy czas, i jak ich uniknąć*, Gdańsk 1995.

Bono E. de, *Dziecko w szkole kreatywnego myślenia*, Gliwice 2010.

Bono E. de, *Sześć kapeluszy myślowych*, Gliwice 2007.

Bono E. de, *Sześć ram myślowych*, Gliwice 2009.

Bono E. de, *Wodna logika. Wypłyń na szerokie wody kreatywności*, Gliwice 2011.

Bossidy L., Charan R., *Realizacja. Zasady wprowadzania planów w życie*, Warszawa 2003.

Branden N., *Sześć filarów poczucia własnej wartości*, Łódź 2010.

Branson R., *Zaryzykuj – zrób to! Lekcje życia*, Warszawa-Wesoła 2012.

Brothers J., Eagan E, *Pamięć doskonała w 10 dni*, Warszawa 2000.

Buckingham M., *To jedno, co powinieneś wiedzieć... o świetnym zarządzaniu, wybitnym przywództwie i trwałym sukcesie osobistym*, Warszawa 2006.

Buckingham M., *Wykorzystaj swoje silne strony. Użyj dźwigni swojego talentu*, Waszawa 2010

Buckingham M., Clifton D.O., *Teraz odkryj swoje silne strony*, Warszawa 2003.

Butler E., Pirie M., *Jak podwyższyć swój iloraz inteligencji?*, Gdańsk 1995.

Buzan T., *Mapy myśli*, Łódź 2008.

Buzan T., *Pamięć na zawołanie*, Łódź 1999.

Buzan T., *Podręcznik szybkiego czytania*, Łódź 2003.

Buzan T., *Potęga umysłu. Jak zyskać sprawność fizyczną i umysłową: związek umysłu i ciała*, Warszawa 2003.

Buzan T., Dottino T., Israel R., *Zwykli ludzie – liderzy. Jak maksymalnie wykorzystać kreatywność pracowników*, Warszawa 2008.

Carnegie D., *I ty możesz być liderem*, Warszawa 1995.

Carnegie D., *Jak przestać się martwić i zacząć żyć*, Warszawa 2011.

Carnegie D., *Jak zdobyć przyjaciół i zjednać sobie ludzi*, Warszawa 2011.

Carnegie D., *Po szczeblach słowa. Jak stać się doskonałym mówcą i rozmówcą*, Warszawa 2009.

Carnegie D., Crom M., Crom J.O., *Szkoła biznesu. O pozyskiwaniu klientów na zawsze*, Waszrszawa 2003

Cialdini R., *Wywieranie wpływu na ludzi*, Gdańsk 1998.

Clegg B., *Przyspieszony kurs rozwoju osobistego*, Warszawa 2002.

Cofer C.N., Appley M.H., *Motywacja: teoria i badania*, Warszawa 1972.

Cohen H., *Wszystko możesz wynegocjować. Jak osiągnąć to, co chcesz*, Warszawa 1997. r Covey S.R., 3. rozwiązanie, Poznań 2012.

Covey S.R., *7 nawyków skutecznego działania*, Poznań 2007.

Covey S.R., *8. nawyk*, Poznań 2006.

Covey S.R., Merrill A.R., Merrill R.R., *Najpierw rzeczy najważniejsze*, Warszawa 2007.

Craig M., *50 najlepszych (i najgorszych) interesów w historii biznesu*, Warszawa 2002.

Csikszentmihalyi M., *Przepływ: psychologia optymalnego doświadczenia*, Wrocław 2005

Davis R.C., Lindsmith B., *Ludzie renesansu: umysły, które ukształtowały erę nowożytną*, Poznań 2012

Davis R.D., Braun E.M., *Dar dysleksji. Dlaczego niektórzy zdolni ludzie nie umieją czytać i jak mogą się nauczyć*, Poznań 2001.

Dearlove D., *Biznes w stylu Richarda Bransona. 10 tajemnic twórcy megamarki*, Gdańsk 2009.

DeVos D., *Podstawy wolności. Wartości decydujące o sukcesie jednostek i społeczeństw*, Konstancin-Jeziorna 1998.

DeVos R.M., Conn Ch.P., *Uwierz! Credo człowieka czynu, współzałożyciela Amway Corporation, hołdującego zasadom, które uczyniły Amerykę wielką*, Warszawa 1994.

Dixit A.K., Nalebuff B.J., *Myślenie strategiczne. Jak zapewnić sobie przewagę w biznesie, polityce i życiu prywatnym*, Gliwice 2009.

Dixit A.K., Nalebuff B.J., *Sztuka strategii. Teoria gier w biznesie i życiu prywatnym*, Warszawa 2009.

Dobson J., *Jak budować poczucie wartości w swoim dziecku*, Lublin 1993.

Doskonalenie strategii (seria *Harvard Bussines Review*), praca zbiorowa, Gliwice 2006.

Dryden G., Vos J., *Rewolucja w uczeniu*, Poznań 2000.

Dyer W.W., *Kieruj swoim życiem*, Warszawa 2012.

Dyer W.W., *Pokochaj siebie*, Warszawa 2008.

Edelman R.C., Hiltabiddle T.R., Manz Ch.C., *Syndrom miłego człowieka*, Gliwice 2010.

Eichelberger W., Forthomme P., Nail F., *Quest. Twoja droga do sukcesu. Nie ma prostych recept na sukces, ale są recepty skuteczne*, Warszawa 2008.

Enkelmann N.B., *Biznes i motywacja*, Łódź 1997.

Eysenck H. i M., *Podpatrywanie umysłu. Dlaczego ludzie zachowują się tak, jak się zachowują?*, Gdańsk 1996.

Ferriss T., *4-godzinny tydzień pracy. Nie bądź płatnym niewolnikiem od 7.00 do 17.00*, Warszawa 2009.

Flexner J.T., Waschington. *Człowiek niezastąpiony*, Warszawa 1990.

Forward S., Frazier D., *Szantaż emocjonalny: jak obronić się przed manipulacją i wykorzystaniem*, Gdańsk 2011.

Frankl V.E., *Człowiek w poszukiwaniu sensu*, Warszawa 2009.

Fraser J.F., *Jak Ameryka pracuje*, Przemyśl 1910.

Freud Z., *Wstęp do psychoanalizy*, Warszawa 1994.

Fromm E., *Mieć czy być*, Poznań 2009.

Fromm E., *Niech się stanie człowiek. Z psychologii etyki*, Warszawa 2005.

Fromm E., *O sztuce miłości*, Poznań 2002.

Fromm E., *O sztuce słuchania. Terapeutyczne aspekty psychoanalizy*, Warszawa 2002.

Fromm E., *Serce człowieka. Jego niezwykła zdolność do dobra i zła*, Warszawa 2000.

Fromm E., *Ucieczka od wolności*, Warszawa 2001.

Fromm E., *Zerwać okowy iluzji*, Poznań 2000.

Galloway D., *Sztuka samodyscypliny*, Warszawa 1997.

Gardner H., *Inteligencje wielorakie – teoria w praktyce*, Poznań 2002.

Gawande A., *Potęga checklisty: jak opanować chaos i zyskać swobodę w działaniu*, Kraków 2012.

Gelb M.J., *Leonardo da Vinci odkodowany*, Poznań 2005.

Gelb M.J., Miller Caldicott S., *Myśleć jak Edison*, Poznań 2010.

Gelb M.J., *Myśleć jak geniusz*, Poznań 2004.

Gelb M.J., *Myśleć jak Leonardo da Vinci*, Poznań 2001.

Giblin L., *Umiejętność postępowania z innymi...*, Kraków 1993.

Girard J., Casemore R., *Pokonać drogę na szczyt*, Warszawa 1996.
Glass L., *Toksyczni ludzie*, Poznań 1998.
Godlewska M., *Jak pokonałam raka*, Białystok 2011.
Godwin M., *Kim jestem? 101 dróg do odkrycia siebie*, Warszawa 2001.
Goleman D., *Inteligencja emocjonalna*, Poznań 2002.
Gordon T., *Wychowywanie bez porażek szefów, liderów, przywódców*, Warszawa 1996.
Gorman T., *Droga do skutecznych działań. Motywacja*, Gliwice 2009.
Gorman T., *Droga do wzrostu zysków. Innowacja*, Gliwice 2009.
Greenberg H., Sweeney P., *Jak odnieść sukces i rozwinąć swój potencjał*, Warszawa 2007.
Habeler P., Steinbach K., *Celem jest szczyt*, Warszawa 2011.
Hamel G., Prahalad C.K., *Przewaga konkurencyjna jutra*, Warszawa 1999.
Hamlin S., *Jak mówić, żeby nas słuchali*, Poznań 2008.
Hill N., *Klucze do sukcesu*, Warszawa 1998.
Hill N., *Magiczna drabina do sukcesu*, Warszawa 2007.
Hill N., *Myśl!... i bogać się. Podręcznik człowieka interesu*, Warszawa 2012.
Hill N., *Początek wielkiej kariery*, Gliwice 2009.
Ingram D.B., Parks J.A., *Etyka dla żółtodziobów, czyli wszystko, co powinieneś wiedzieć o...*, Poznań 2003.

Jagiełło J., Zuziak W. [red.], *Człowiek wobec wartości*, Kraków 2006.

James W., *Pragmatyzm*, Warszawa 2009.

Jamruszkiewicz J., *Kurs szybkiego czytania*, Chorzów 2002.

Johnson S., *Tak czy nie. Jak podejmować dobre decyzje*, Konstancin-Jeziorna 1995.

Jones Ch., *Życie jest fascynujące*, Konstancin-Jeziorna 1993.

Kanter R.M., *Wiara w siebie. Jak zaczynają się i kończą dobre i złe passy*, Warszawa 2006.

Keller H., *Historia mojego życia*, Warszawa 1978.

Kirschner J., *Zwycięstwo bez walki. Strategie przeciw agresji*, Gliwice 2008.

Koch R., *Zasada 80/20. Lepsze efekty mniejszym nakładem sił i środków*, Konstancin--Jeziorna 1998.

Kopmeyer M.R., *Praktyczne metody osiągania sukcesu*, Warszawa 1994.

Ksenofont, *Cyrus Wielki. Sztuka zwyciężania*, Warszawa 2008.

Kuba A., Hausman J., *Dzieje samochodu*, Warszawa 1973.

Kumaniecki K., *Historia kultury starożytnej Grecji i Rzymu*, Warszawa 1964.

Lamont G., *Jak podnieść pewność siebie*, Łódź 2008.

Leigh A., Maynard M., *Lider doskonały*, Poznań 1999.

Littauer F., *Osobowość plus*, Warszawa 2007.

Loreau D., *Sztuka prostoty*, Warszawa 2009.
Lott L., Intner R., Mendenhall B., *Autoterapia dla każdego. Spróbuj w osiem tygodni zmienić swoje życie*, Warszawa 2006.
Maige Ch., Muller J.-L., *Walka z czasem. Atut strategiczny przedsiębiorstwa*, Warszawa 1995.
Mansfield P., *Jak być asertywnym*, Poznań 1994.
Martin R., *Niepokorny umysł. Poznaj klucz do myślenia zintegrowanego*, Gliwice 2009.
Maslow A., *Motywacja i osobowość*, Warszawa 2009.
Matusewicz Cz., *Wprowadzenie do psychologii*, Warszawa 2011.
Maxwell J.C., *21 cech skutecznego lidera*, Warszawa 2012.
Maxwell J.C., *Tworzyć liderów, czyli jak wprowadzać innych na drogę sukcesu*, Konstancin-Jeziorna 1997.
Maxwell J.C., *Wszyscy się komunikują, niewielu potrafi się porozumieć*, Warszawa 2011.
McCormack M.H., *O zarządzaniu*, Warszawa 1998.
McElroy K., *Jak inwestować w nieruchomości. Znajdź ukryte zyski, których większość inwestorów nie dostrzega*, Osielsko 2008.
McGee P., *Pewność siebie. Jak mała zmiana może zrobić wielką różnicę*, Gliwice 2011.
McGrath H., Edwards H., *Trudne osobowości. Jak radzić sobie ze szkodliwymi zachowaniami innych oraz własnymi*, Poznań 2010.

Mellody P., Miller A.W., Miller J.K., *Toksyczna miłość i jak się z niej wyzwolić*, Warszawa 2013.

Melody B., *Koniec współuzależnienia*, Poznań 2002.

Miller M., *Style myślenia*, Poznań 2000.

Mingotaud F., *Sprawny kierownik. Techniki osiągania sukcesów*, Warszawa 1994.

MJ DeMarco, *Fastlane milionera*, Katowice 2012.

Morgenstern J., *Jak być doskonale zorganizowanym*, Warszawa 2000.

Nay W.R., *Związek bez gniewu. Jak przerwać błędne koło kłótni, dąsów i cichych dni*, Warszawa 2011.

Nierenberg G.I., *Ekspert. Czy nim jesteś?*, Warszawa 2001.

Ogger G., *Geniusze i spekulanci, Jak rodził się kapitalizm*, Warszawa 1993.

Osho, *Księga zrozumienia. Własna droga do wolności*, Warszawa 2009.

Parkinson C.N., *Prawo pani Parkinson*, Warszawa 1970.

Peale N.V., *Entuzjazm zmienia wszystko. Jak stać się zwycięzcą*, Warszawa 1996.

Peale N.V., *Możesz, jeśli myślisz, że możesz*, Warszawa 2005.

Peale N.V., *Rozbudź w sobie twórczy potencjał*, Warszawa 1997.

Peale N.V., *Uwierz i zwyciężaj. Jak zaufać swoim myślom i poczuć pewność siebie*, Warszawa 1999.

Pietrasiński Z., *Psychologia sprawnego myślenia*, Warszawa 1959.

Pilikowski J., *Podróż w świat etyki*, Kraków 2010.

Pink D.H., *Drive*, Warszawa 2011.

Pirożyński M., *Kształcenie charakteru*, Poznań 1999.

Pismo Święte Starego i Nowego Testamentu. Biblia Tysiąclecia, Warszawa 2002.

Pismo Święte w Przekładzie Nowego Świata, 1997.

Popielski K., *Psychologia egzystencji. Wartości w życiu*, Lublin 2009.

Poznaj swoją osobowość, Bielsko-Biała 1996.

Przemieniecki J., *Psychologia jednostki. Odkoduj szyfr do swego umysłu*, Warszawa 2008.

Pszczołowski T., *Umiejętność przekonywania i dyskusji*, Gdańsk 1998.

Reiman T., *Potęga perswazyjnej komunikacji*, Gliwice 2011.

Robbins A., *Nasza moc bez granic. Skuteczna metoda osiągania życiowych sukcesów za pomocą NLP*, Konstancin-Jeziorna 2009.

Robbins A., *Obudź w sobie olbrzyma... i miej wpływ na całe swoje życie – od zaraz*, Poznań 2002.

Robbins A., *Olbrzymie kroki*, Warszawa 2001.

Robert M., *Nowe myślenie strategiczne: czyste i proste*, Warszawa 2006.

Robinson J.W., *Imperium wolności. Historia Amway Corporation*, Warszawa 1997.

Rose C., Nicholl M.J., *Ucz się szybciej, na miarę XXI wieku*, Warszawa 2003.

Rose N., *Winston Churchill. Życie pod prąd*, Warszawa 1996.

Rychter W., *Dzieje samochodu*, Warszawa 1962.

Ryżak Z., *Zarządzanie energią kluczem do sukcesu*, Warszawa 2008.

Savater F., *Etyka dla syna*, Warszawa 1996.

Schäfer B., *Droga do finansowej wolności. Pierwszy milion w ciągu siedmiu lat*, Warszawa 2011.

Schäfer B., *Zasady zwycięzców*, Warszawa 2007.

Scherman J.R., *Jak skończyć z odwlekaniem i działać skutecznie*, Warszawa 1995.

Schuller R.H., *Ciężkie czasy przemijają, bądź silny i przetrwaj je*, Warszawa 1996.

Schwalbe B., Schwalbe H., Zander E., *Rozwijanie osobowości. Jak zostać sprzedawcą doskonałym*, tom 2, Warszawa 1994.

Schwartz D.J., *Magia myślenia kategoriami sukcesu*, Konstancin-Jeziorna 1994.

Schwartz D.J., *Magia myślenia na wielką skalę. Jak zaprząc duszę i umysł do wielkich osiągnięć*, Warszawa 2008.

Scott S.K., *Notatnik milionera. Jak zwykli ludzie mogą osiągać niezwykłe sukcesy*, Warszawa 1997.

Sedlak K. [red.], *Jak poszukiwać i zjednywać najlepszych pracowników*, Kraków 1995.

Seiwert L.J., *Jak organizować czas*, Warszawa 1998.

Seligman M.E.P., *Co możesz zmienić, a czego nie możesz*, Poznań 1995.

Seligman M.E.P., *Pełnia życia*, Poznań 2011.

Seneka, *Myśli*, Kraków 1989.

Sewell C., Brown P.B., *Klient na całe życie, czyli jak przypadkowego klienta zmienić w wiernego entuzjastę naszych usług*, Warszawa 1992.

Słownik pisarzy antycznych, Warszawa 1982.

Smith A., *Umysł*, Warszawa 1989.

Spector R., *Amazon.com. Historia przedsiębiorstwa, które stworzyło nowy model biznesu*, Warszawa 2000.

Spence G., *Jak skutecznie przekonywać... wszędzie i każdego dnia*, Poznań 2001.

Sprenger R.K., *Zaufanie # 1*, Warszawa 2011.

Staff L., *Michał Anioł*, Warszawa 1990.

Stone D.C., *Podążaj za swymi marzeniami*, Konstancin-Jeziorna 1998.

Swiet J., *Kolumb*, Warszawa 1979.

Szurawski M., *Pamięć. Trening interaktywny*, Łódź 2004.

Szyszkowska M., *W poszukiwaniu sensu życia*, Warszawa 1997.

Tatarkiewicz W., *O szczęściu*, Warszawa 1979.

Tavris C., Aronson E., *Błądzą wszyscy (ale nie ja)*, Sopot--Warszawa 2008.

Tracy B., *Milionerzy z wyboru. 21 tajemnic sukcesu*, Warszawa 2002.

Tracy B., *Plan lotu. Prawdziwy sekret sukcesu*, Warszawa 2008.

Tracy B., Scheelen F.M., *Osobowość lidera*, Warszawa 2001.

Tracy B., *Sztuka zatrudniania najlepszych. 21 praktycznych i sprawdzonych technik do wykorzystania od zaraz*, Warszawa 2006.

Tracy B., *Turbostrategia. 21 skutecznych sposobów na przekształcenie firmy i szybkie zwiększenie zysków*, Warszawa 2004.

Tracy B., *Zarabiaj więcej i awansuj szybciej. 21 sposobów na przyspieszenie kariery*, Warszawa 2007.

Tracy B., *Zarządzanie czasem*, Warszawa 2008.

Tracy B., *Zjedz tę żabę. 21 metod podnoszenia wydajności w pracy i zwalczania skłonności do zwlekania*, Warszawa 2005.

Twentier J.D., *Sztuka chwalenia ludzi*, Warszawa 1998.

Urban H., *Moc pozytywnych słów*, Warszawa 2012.

Ury W., *Odchodząc od nie. Negocjowanie od konfrontacji do kooperacji*, Warszawa 2000.

Vitale J., Klucz do sekretu. *Przyciągnij do siebie wszystko, czego pragniesz*, Gliwice 2009.

Waitley D., *Być najlepszym*, Warszawa 1998.

Waitley D., *Imperium umysłu*, Konstancin-Jeziorna 1997.

Waitley D., *Podwójne zwycięstwo*, Warszawa 1996.
Waitley D., *Sukces zależy od właściwego momentu*, Warszawa 1997.
Waitley D., Tucker R.B., *Gra o sukces. Jak zwyciężać w twórczej rywalizacji*, Warszawa 1996.
Walton S., Huey J., *Sam Walton. Made in America*, Warszawa 1994.
Waterhouse J., Minors D., Waterhouse M., *Twój zegar biologiczny. Jak żyć z nim w zgodzie*, Warszawa 1993.
Wegscheider-Cruse S., *Poczucie własnej wartości. Jak pokochać siebie*, Gdańsk 2007.
Wilson P., *Idealna równowaga. Jak znaleźć czas i sposób na pełnię życia*, Warszawa 2010.
Ziglar Z., *Do zobaczenia na szczycie*, Warszawa 1995.
Ziglar Z., *Droga na szczyt*, Konstancin-Jeziorna 1995.
Ziglar Z., *Ponad szczytem*, Warszawa 1995.

O autorze

Andrzej Moszczyński od 30 lat aktywnie zajmuje się działalnością biznesową. Jego główną kompetencją jest tworzenie skutecznych strategii dla konkretnych obszarów biznesu.

W latach 90. zdobywał doświadczenie w branży reklamowej – był prezesem i założycielem dwóch spółek z o.o. Zatrudniał w nich ponad 40 osób. Spółki te były liderami w swoich branżach, głównie w reklamie zewnętrznej – tranzytowej (reklamy na tramwajach, autobusach i samochodach). W 2001 r. przejęciem pakietów kontrolnych w tych spółkach zainteresowały się dwie firmy: amerykańska spółka giełdowa działająca w ponad 30 krajach, skupiająca się na reklamie radiowej i reklamie zewnętrznej oraz największy w Europie fundusz inwestycyjny. W 2003 r. Andrzej sprzedał udziały w tych spółkach inwestorom strategicznym.

W latach 2005-2015 był prezesem i założycielem spółki, która zajmowała się kompleksową komercjalizacją liderów rynku deweloperskiego (firma w sumie sprzedała ponad 1000 mieszkań oraz 350 apartamentów hotelowych w systemie condo).

W latach 2009-2018 był akcjonariuszem strategicznym oraz przewodniczącym rady nadzorczej fabryki urządzeń okrętowych Expom SA. Spółka ta zasięgiem działania obejmuje cały świat, dostarczając urządzenia (w tym dźwigi i żurawie) dla branży morskiej. W 2018 r. sprzedał pakiet swoich akcji inwestorowi branżowemu.

W 2014 r. utworzył w USA spółkę LLC, która działa w branży wydawniczej. W ciągu 14 lat (poczynając od 2005 r.) napisał w sumie 22 kieszonkowe poradniki z dziedziny rozwoju kompetencji miękkich – obszaru, który ma między innymi znaczenie strategiczne dla budowania wartości niematerialnych i prawnych przedsiębiorstw. Poradniki napisane przez Andrzeja koncentrują się na przekazaniu wiedzy o wartościach i rozwoju osobowości – czynnikach odpowiedzialnych za prowadzenie dobrego życia, bycie spełnionym i szczęśliwym.

Andrzej zdobywał wiedzę z dziedziny budowania wartości firm oraz tworzenia skutecznych strategii przy udziale następujących instytucji: Ernst & Young, Gallup Institute, PricewaterhauseCoopers (PwC) oraz Harward Business Review. Jego kompetencje można przyrównać do pracy **stroiciela instrumentu.**

Kiedy miał 7 lat, mama zabrała go do szkoły muzycznej, aby sprawdzić, czy ma talent. Przeszedł test pozytywnie – okazało się, że może rozpocząć edukację muzyczną. Z różnych powodów to nie nastąpiło. Często jednak w jego książkach czy wykładach można usłyszeć bądź przeczytać przykłady związane ze światem muzyki.

Dlaczego można przyrównać jego kompetencje do pracy stroiciela na przykład fortepianu? Stroiciel udoskonala fortepian, aby jego dźwięk był idealny. Każdy fortepian ma swój określony potencjał mierzony jakością dźwięku – dźwięku, który urzeka i wprowadza ludzi w stan relaksu, a może nawet pozytywnego ukojenia. Podobnie jak stroiciel Andrzej udoskonala różne procesy – szczególnie te, które dotyczą relacji z innymi ludźmi. Wierzy, że ludzie posiadają mechanizm psychologiczny, który można symbolicznie przyrównać do **mentalnego żyroskopu** czy **mentalnego noktowizora**. Rola Andrzeja polega na naprawieniu bądź wprowadzeniu w ruch tych „urządzeń".

Żyroskop jest urządzeniem, które niezależnie od komplikacji pokazuje określony kierunek. Tego typu urządzenie wykorzystywane jest na statkach i w samolotach. Andrzej jest przekonany, że rozwijanie **koncentracji i wyobraźni** prowadzi do włączenia naszego mentalnego żyroskopu. Dzięki temu możemy między innymi znajdować skuteczne rozwiązania skomplikowanych wyzwań.

Noktowizor to wyjątkowe urządzenie, które umożliwia widzenie w ciemności. Jest wykorzystywane przez wojsko, służby wywiadowcze czy myśliwych. Życie Andrzeja ukierunkowane jest na badanie tematu źródeł wewnętrznej motywacji – siły skłaniającej do działania, do przejawiania inicjatywy, do podejmowania wyzwań, do wchodzenia w obszary zupełnie nieznane. Andrzej ma przekonanie, że rozwijanie **poczucia własnej wartości** prowadzi do włączenia naszego mentalnego noktowizora. Bez optymalnego poczucia własnej wartości życie jest ciężarem.

W swojej pracy Andrzej koncentruje się na procesach podnoszących jakość następujących obszarów: właściwe interpretowanie zdarzeń, wyciąganie wniosków z analizy porażek oraz sukcesów, formułowanie właściwych pytań, a także korzystanie z wyobraźni w taki sposób, aby przewidywać swoją przyszłość, co łączy się bezpośrednio z umiejętnością strategicznego myślenia. Umiejętności te pomagają rozumieć mechanizmy wywierania wpływu przez inne osoby i umożliwiają niepoddawanie się wszechobecnej indoktrynacji. Kiedy mentalny noktowizor działa poprawnie, przekazuje w odpowiednim czasie sygnały ostrzegające, że ktoś posługuje się manipulacją, aby osiągnąć swoje cele.

Andrzej posiada również doświadczenie jako prelegent, co związane jest z jego zaangażowaniem w działania społeczne. W ostatnich 30 latach był zapraszany do udziału w różnych szkoleniach i seminariach, zgromadzeniach czy kongresach – w sumie jako mówca wystąpił ponad 700 razy. Jego przemówienia i wykłady znane są z inspirujących przykładów i zachęcających pytań, które mobilizują słuchaczy do działania.

Opinie o książce

Małe dziecko przychodzi na świat bez instrukcji obsługi, o czym boleśnie przekonują się kolejne pokolenia młodych rodziców. A jednak mimo tej pozornej przeszkody ludzkość była i jest w stanie poradzić sobie z tym wyzwaniem. Jak? Młodzi rodzice szybko uczą się – głównie metodą prób i błędów – jak zaspokajać potrzeby swojego dziecka. Rodzicielstwo to ciekawa mieszanka zaufania do własnej intuicji, pomocy bliskich i odwołania do wiedzy ekspertów. To nie stały zestaw umiejętności, które ujawniają się w chwili narodzin dziecka, lecz raczej proces nabywania nowych umiejętności dostosowanych do potrzeb i rozwoju własnych pociech.

Nie inaczej jest w przypadku rozpoznania swoich talentów i wykorzystania ich w codziennym życiu. Nie są to zdolności, jakie nabywa się po przeczytaniu jednej książki lub uczestniczeniu w weekendowych warsztatach, lecz raczej droga, na którą się wchodzi świadomie i którą podąża przez resztę życia. Wybierając się w podróż, zwykle pakujemy ze sobą przewodnik i mapę, dlatego też podczas podróży do własnego wnętrza także warto sięgnąć po jakiś przewodnik. Seria książek autorstwa Andrzeja Moszczyńskiego jest właśnie takim przewodnikiem, zawierającym cenne podpowiedzi oraz techniki odkrywania i wykorzystywania swoich talentów. Autor nie stawia się w pozycji eksperta wiedzącego lepiej, co jest dla nas dobre, lecz raczej doradcy odwołującego się szeroko do filozofii, literatury, współczesnych technik doskonalenia osobowości i własnych doświadczeń. Zdecydowanymi mocnymi stronami tej serii są przykłady z życia ilustrujące prezentowane zagadnienia oraz bogata bibliografia służąca jako punkt do dalszych poszukiwań dla wszystkich zainteresowanych doskonaleniem osobowości. Uważam, że seria ta będzie pomocna dla każdego zainteresowanego świadomym życiem i rozwojem osobistym.

Ania Bogacka
Editorial Consultant and Life Coach

* * *

Na rynku książek wybór poradników jest ogromny, ale wśród tego ogromu istnieją jasne punkty, w oparciu o które można kierować swoim życiem tak, by osiągnąć spełnienie. Samorealizacja jest osiągana poprzez mądrość i świadomość. To samo sprawia, że książki Andrzeja Moszczyńskiego są tak użyteczne i podnoszące na duchu. Dzielenie się mądrością w formie przykładów wielu historycznych postaci oświetla drogę w tej kluczowej podróży. Każda z książek Andrzeja jest kompletna sama w sobie, jednak wszystkie razem stanowią zestaw narzędzi, przy pomocy których każdy z nas może ulepszyć umysł i serce, aby ostatecznie przyjąć proaktywną i współczującą postawę wobec życia. Jako osoba, która badała i edytowała wiele tekstów z filozofii i duchowości, mogę z entuzjazmem polecić tę książkę.

Lawrence E. Payne

Dodatek

Cytaty, które pomagały autorowi napisać tę książkę

Na temat rozwoju

Przeznaczeniem człowieka jest jego charakter.

Heraklit z Efezu

Osobowość kształtuje się nie poprzez piękne słowa, lecz pracą i własnym wysiłkiem.

Albert Einstein

Na temat nastawienia do życia

Jeśli jesteś nieszczęśliwy, to dlatego, że cały czas myślisz raczej o tym, czego nie masz, zamiast koncentrować się na tym, co masz w danej chwili.

Anthony de Mello

W końcu, bracia, wszystko, co jest prawdziwe, co godne, co sprawiedliwe, co czyste, co miłe, co zasługuje na uznanie: jeśli jest jakąś cnotą i czynem chwalebnym – to miejcie na myśli.

List do Filipian 4:8

Na temat szczęścia

Ludzie są na tyle szczęśliwi, na ile sobie pozwolą nimi być.

Abraham Lincoln

Więcej szczęścia jest w dawaniu aniżeli w braniu.

Dz 20:35

Na temat poczucia własnej wartości

Bez Twojego pozwolenia nikt nie może sprawić, że poczujesz się gorszy.

Eleanor Roosevelt

Na temat możliwości człowieka

Nie ma rzeczy niemożliwych, są tylko te trudniejsze do wykonania.

Henry Ford

Gdybyśmy robili wszystkie rzeczy, które jesteśmy w stanie zrobić, wprawilibyśmy się w ogromne zdumienie.

Thomas Edison

Na temat poznawania siebie

Najpierw sami tworzymy własne nawyki, potem nawyki tworzą nas.

John Dryden

Na temat wiary w siebie

Człowiek, który zyska i zachowa władzę nad sobą, dokona rzeczy największych i najtrudniejszych.

Johann Wolfgang von Goethe

Ludzie potrafią, gdy sądzą, że potrafią.

Wergiliusz

Na temat wnikliwości

Prawdę należy mówić tylko temu, kto chce jej słuchać.

Seneka Starszy

Język mądrych jest lekarstwem.

Księga Przysłów 12:18

Na temat wytrwałości

Nic na świecie nie zastąpi wytrwałości. Nie zastąpi jej talent – nie ma nic powszechniejszego niż ludzie utalentowani, którzy nie odnoszą sukcesów. Nie uczyni niczego sam geniusz – nienagradzany geniusz to już prawie przysłowie. Nie uczyni niczego też samo wykształcenie – świat jest pełen ludzi wykształconych, o których zapomniano. Tylko wytrwałość i determinacja są wszechmocne.

John Calvin Coolidge

Możemy zrealizować każde zamierzenie, jeśli potrafimy trwać w nim wystarczająco długo.

Helen Keller

Tak samo, jak pojedynczy krok nie tworzy ścieżki na ziemi, tak pojedyncza myśl nie stworzy ścieżki w Twoim umyśle. Prawdziwa ścieżka powstaje, gdy chodzimy po niej wielokrotnie. Aby stworzyć głęboką ścieżkę mentalną, potrzebne jest wielokrotne powtarzanie myśli, które mają zdominować nasze życie.

Napoleon Bonaparte

Na temat entuzjazmu

Tylko przykład jest zaraźliwy.

                              Lope de Vega

Na temat odwagi

Życie albo jest śmiałą przygodą, albo nie jest życiem. Nie lękać się zmian, a w obliczu kapryśności losu zachowywać hart ducha – oto siła nie do pokonania.

                              Helen Keller

Silny jest ten, kto potrafi przezwyciężyć swe szkodliwe przyzwyczajenia.

                              Benjamin Franklin

Życie jest przygodą dla odważnych albo niczym.

                              Helen Keller

Na temat realizmu

Kto z was, chcąc zbudować wieżę, nie usiądzie wpierw i nie obliczy wydatków, czy ma na jej wykończenie.

Ew. Łukasza 14:28

Pesymista szuka przeciwności w każdej okazji, optymista widzi okazje w każdej przeciwności.

Winston Churchill

Dajcie mi odpowiednio długą dźwignię i wystarczająco mocną podporę, a sam poruszę cały glob.

Archimedes

OFERTA WYDAWNICZA
Andrew Moszczynski Group sp. z o.o.

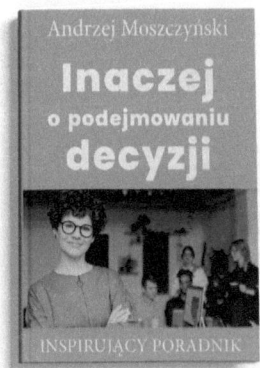

www.ingramcontent.com/pod-product-compliance
Lightning Source LLC
LaVergne TN
LVHW090036080526
838202LV00046B/3845